Photograph of Francis Jammes
from *Le Journal des Poetes,* Brussels

Selected Poems of Francis Jammes

Translated by
Barry Gifford and Bettina Dickie

Published by
Utah State University Press
Logan, Utah

© Utah State University 1976
Acknowledgements: "Bruges" appeared in *Grove* the quarterly literary
publication of Pitzer College. "These Are the Labors" appeared in
Beatitude #23, San Francisco.

Library of Congress Cataloging in Publication Data
Jammes, Francis 1868-1938.
Selected poems of Francis Jammes.
Text of Poems in English and French.
I. Gifford, Barry, 1946-   II. Dickie, Betina.
PQ2619.A5A23   1976   843'.9'12   76-21760
ISBN 0-87421-086-0

Contents

INTRODUCTION

I

FRANCIS JAMMES was born on December 2, 1868, at Tournay, in the upper Pyrenees. When he was 11, the family moved to Orthez; the next year his father, who was an accountant, secured a position at Bordeaux, where Francis entered the eighth grade.

At 17, Francis experienced his first pure romance— he fell in love with a young girl whom he often watched as she sat sewing near a window. He never forgot her, and she appears repeatedly in his poems, her thimble and scissors beside her on a little table.

1888 was a sad year for Jammes: as he related in the poem "Il Avait Mis Sa Belle Veste" ("He Had Put On His Beautiful Vest"), he failed his baccalaureate examination "like a mediocre student poorly versed in literature." This was soon followed by the death of his father, and he was overwhelmed by a sense of guilt and personal worthlessness.

He returned to Orthez shortly thereafter where he worked at a boring clerical job. He was in poor health, and suffered from nervous depression. In 1890 his sister was married, and he remained at home with his mother, working hard at his writing.

Six Sonnets, his first publication, appeared the following year; it was published at his own expense, in Orthez. In 1894 a slim volume entitled *Vers (Verses)* was published in Paris, thanks to the sponsorship of Piere Loti and Stéphane Mallarmé. André Gide paid for the publication of Jammes' dramatic poem *Un Jour (One Day)* in 1895. Jammes made his first trip to Paris that year, where he formed a number of important literary friendships. The next year he visited Algeria.

In 1896 Jammes first met Gide, and in 1897 began his correspondence with Paul Claudel. The *Mercure de France* published his *Manifesto de jammisme* that year, and he entered into a passionate affair with the woman he called Mamore. His "Élégie Septième" ("Seventh Elegy") is dedicated to her: "What else will there be, Mamore, in Paradise? What more . . . what more . . ." "So that my mother will not suffer," he explained, Jammes could not marry Mamore, and he was stricken by an intense depression that lasted several years. In an attempt to alleviate his grief he journeyed with his mother to the lower Alps, where he visited Charmettes, in memory of Rousseau and Madame de Warens. His poem "Madame de Warens" is reminiscent of that visit: "O reasonable woman who used to preach at Jean-Jacques!"

He lectured in Paris and Belgium in 1900, and in 1901 *Le Deuil des Primeveres* (The Mourning of the Primroses) appeared, the work that Robert Mallet, the French critic, considers the most totally representative of Jammes.

In 1902 he again was forced to break off a relationship with a woman due to the objections of his mother, and in 1905, under the influence of Paul Claudel, he returned to the Catholic faith, from which he had been estranged for some years.

Jammes finally did marry, in 1907, when he was 39 years old, a pious, cultivated young girl named Ginette Goedorp, who had written to him that she admired his poetry.

The French Academy refused him in 1920, and in 1924, after a second refusal, he renounced his candidature. Meanwhile, in 1921, the entire family moved to the lower Pyrenees, to the village of Hasparren. His mother died in 1934. In 1937, during his last trip to Paris, he lectured at the Champs-Elysées Theatre, sponsored by François Mauriac and Claudel.

Jammes died on November 1, 1938, at Hasparren.

II

Francis Jammes became a legend during his lifetime. He kept aloof from literary society, choosing to deal with his contemporaries rarely, if it all, and then in the main through correspondence. As he made plain in his *Manifesto,* he belonged to no school except the school of the hedgerows, the academy of fields and flowers.

He was a heavenly, pastoral poet, who wrote of simple everyday things in his own way, without forming a theory or system. He identified himself as a fawn, and described his work as "a poetry of white roses." Dominated by his mother, and frustrated in his love life, Jammes was forced to inhabit a world of fantasy and imagined longings which were reflected in such poems as "La Maison Serait Pleine de Roses" ("The House Would Be Full of Roses"), wherein he entreats an imaginary maid to share his secret love in a meadow; and in "Amsterdam," where he identifies with the mythic Robinson Crusoe, and projects himself exploring the ancient city, strolling the streets of the rich "whose homes were regal with the comforts of India."

During his lifetime he was championed by many well-known writers including Claudel, Gide, Colette, Mallarmé, Mauriac, Valéry, Fournier, Régnier, Remy de Gourmont, and Anna de Noailles. In 1893 André Gide wrote to him: "You have done well, sir, to send me your verses." And later, concerning *Un Jour:* "My delay in answering was mainly because I keep rereading your play, which is one of the most disconcerting pieces of writing that I have seen."

Paul Claudel, commenting on Jammes' "Angélus," wrote: "The feeling for childhood that you have restored to me . . . has been delicious and poignant. . . . Everything with you is original and virginal. . . ." As early as 1893 Mallarmé wrote: "(Your) verses (are) so delicately tactful, naive and unerring with their exquisite network of voices. . . . How did you fashion, so far away, so isolated, so fragile an instrument!"

René Vallery-Radot captured the essence of Jammes in the following passage from *Les Tablettes,* written in 1911:

"And suddenly, from a little provincial town there rises a voice that ignores all the gods, that tells of life simply, not at all systematized in theories . . . in his verses one hears church bells, cow bells, songs of the peasants, the bleating of lambs, the sound of the carts going to market; one sees there his little square in the sun, the notary's study, drab and dusty, the country drawing-rooms drowsing in their dust sheets, their perfumes of dried flowers and island wood . . . parks of childhood flowering with great trees and young girls with beribboned hats, and shepherds standing with their tall crooks . . . the Pyrenees, azure-white in the distance . . . and those live, fresh images unroll like illuminations in an old naive book, garlanded with ferns, roses and peonies . . ."

B.G. and B.D.,
June 1974

Part One

Selected Poems

Le village à midi

Le village à midi. La mouche d'or bourdonne
   entre les cornes des bœufs.
   Nous irons, si tu le veux,
si tu le veux, dans la campagne monotone.

Entends le coq . . . Entends la cloche . . .
                              Entends le paon . . .
      Entends là-bas, là-bas, l'âne . . .
      L'hirondelle noire plane.
Les peupliers au loin s'en vont comme un ruban.

Le puits rongé de mousse! Écoute sa poulie
      qui grince, qui grince encore,
      car la fille aux cheveux d'or
tient le vieux seau tout noir d'où l'argent tombe en
      pluie.

La fillette s'en va d'un pas qui fait pencher
      sur sa tête d'or la cruche,
      sa tête comme une ruche,
qui se mêle au soleil sous les fleurs du pêcher.

Et dans le bourg voici que les toits noircis lancent
      au ciel bleu des flocons bleus;
      et les arbres paresseux
à l'horizon qui vibre à peine se balancent.

The Village at Noon

The village at noon. The golden fly buzzes
    between the horns of the oxen.
    We shall go, if you wish,
if you wish, into the drab countryside.

Hear the cock . . . Hear the bell . . . Hear the peacock . . .
    Hear down there, down there, the donkey . . .
    The black swallow soars.
The poplars wind in the distance like a ribbon.

The moss-swollen well! Listen to its pulley
    that creaks, and creaks again,
    for the golden-haired girl
holding the black crusty bucket that flows silver rain.

The young girl leans to one side as she walks
    with the pitcher tilted on
    her golden head like a beehive,
mingling with the sunlight beneath the peach blossoms.

And in the town the dark rooftops flick
    blue flakes to the blue sky;
    and indolent trees
scarcely sway on the trembling horizon.

Tu écrivais

Tu écrivais que tu chassais des ramiers
   dans les bois de la Goyave,
et le médecin qui te soignait écrivait,
   peu avant ta mort, sur ta vie grave.

Il vit, disait-il, en Caraïbe, dans ses bois.
   Tu es le père de mon père.
Ta vieille correspondance est dans mon tiroir
   et ta vie est amère.

Tu partis d'Orthez comme docteur-médecin,
   pour faire fortune là-bas.
On recevait de tes lettres par un marin,
   par le capitaine Folat.

Tu fus ruiné par les tremblements de terre
   dans ce pays où l'on buvait
l'eau de pluie des cuves, lourde, malsaine, amère . . .
   Et tout cela, tu l'écrivais.

Et tu avais acheté une pharmacie.
   Tu écrivais: "La Métropole
n'en a pas de pareille." Et tu disais: "Ma vie
   m'a rendu comme un vrai créole."

Tu es enterré, là-bas, à la Goyave.
   Et moi j'écris où tu es né:
ta vieille correspondance est très triste et grave.
   Elle est dans ma commode, à clef.

You Wrote

You wrote that you hunted wild pigeons
   in the woods of Goyave,
and the doctor who was treating you wrote,
   shortly before your death, about your austere existence.

He lives, said he, like a Caribbean native, in his woods.
   You are the father of my father.
Your old letters are in my bureau drawer
   and the life they tell of is bitter.

You left Orthez as a doctor of medicine,
   to make your fortune down there.
Your letters were delivered by a seaman,
   by Captain Folat.

You were ruined by the earthquakes
   in that country where one drinks
rainwater from cisterns, sluggish, contaminated, bitter . . .
   And all that, you wrote.

And you had bought a pharmacy.
   You wrote: "The Capital
has nothing to equal it." And you said: "My life
   has made me a true creole."

You are buried, down there, at Goyave.
   And I, I write from where you were born:
Your old letters are very sad and serious.
   They are locked inside my bureau.

J'Aime dans le temps Clara d'Ellébeuse

J'aime dans le temps Clara d'Ellébeuse,
l'écolière des anciens pensionnats,
qui allait, les soirs chauds, sous les tilleuls
lire les magazines d'autrefois.

Je n'aime qu'elle, et je sens sur mon cœur
la lumière bleue de sa gorge blanche.
Où est-elle? Où était donc ce bonheur?
Dans sa chambre claire il entrait des branches.

Elle n'est peut-être pas encore morte
—ou peut-être que nous l'étions tous deux.
La grande cour avait des feuilles mortes
dans le vent froid des fins d'été très vieux.

Te souviens-tu de ces plumes de paon,
dans un grand vase, auprès des coquillages? . . .
on apprenait qu'on avait fait naufrage,
on appelait Terre-Neuve : le Banc.

Viens, viens, ma chère Clara d'Ellébeuse:
aimons-nous encore si tu existes.
Le vieux jardin a de vieilles tulipes.
Viens toute nue, ô Clara d'Ellébeuse.

Down Through the Years I Love Clara d'Ellébeuse

Down through the years I love Clara d'Ellébeuse,
the schoolgirl of old boarding schools,
who used to go, on warm evenings, beneath the linden trees
to read the magazines of bygone days.

I love only her, and I feel upon my heart
the blue light of her white throat.
Where is she? Where then was that happiness?
The branches entered her bright room.

Perhaps she is not yet dead
—or perhaps we both were.
The great courtyard was filled with dead leaves
in the cold wind of the end of a very old summer.

Do you remember those peacock feathers,
in a large vase, next to the shells? . . .
We learned there had been a shipwreck,
we learned of Newfoundland: the Grand Banks.

Come, come, my dear Clara d'Ellébeuse:
Let us love again if you exist.
There are old tulips in the old garden.
Come quite naked, O Clara d'Ellébeuse.

Elle va à la pension du Sacré-Cœur

Elle va à la pension du Sacré-Cœur.
C'est une belle fille qui est blanche.
Elle vient en petite voiture sous les branches
des bois, pendant les vacances, au temps des fleurs.

Elle descend le coteau doucement. Sa charrette
est petite et vieille. Elle n'est pas très riche
et elle me rappelle les anciennes familles
d'il y a soixante ans, gaies, bonnes et honnêtes.

Elle me rappelle les écolières d'alors
qui avaient des noms rococos, des noms de livres
de distribution des prix, verts, rouges, olives,
avec un ornement ovale, un titre en or:

Clara d'Ellébeuse. Éléonore Derval.
Victoire d'Etremont. Laure de la Vallée.
Lia Fauchereuse. Blanche de Percival.
Rose de Liméreuil et Sylvie Laboulaye.

Et je pense à ces écolières en vacances,
dans des propriétés qui produisaient encore,
mangeant des pommes vertes, des noisettes rances
devant le paon du parc frais, noir, aux grilles d'or.

C'était de ces maisons où y avait table ouverte.
On y mangeait beaucoup de plats et on riait.
Par la fenêtre on voyait la pelouse verte
et la vitre, quand le soleil baissait, brillait.

Et puis un beau jeune homme épousait l'écolière
—une très belle fille qui était rose et blanche—
et qui riait quand au lit il baissait sa hanche.
Et ils avaient beaucoup d'enfants, sachant les faire.

8

She Goes to the Sacred-Heart Boarding School

She goes to the Sacred-Heart Boarding School.
She is a beautiful, pure girl.
She arrives in a little carriage beneath the branches
of the forest, during vacation, in the time of the flowers.

She comes slowly down the hill. Her cart
is small and rickety. She is not very rich
and she reminds me of the old families
of sixty years ago, gay, good and honest.

She reminds me of the schoolgirls back then
with rococo names, like the names
of prize distribution books, green, red, olive-colored,
with an oval decoration, a title in gold:

Clara d'Ellébeuse. Éléonore Derval.
Victoire d'Etremont. Laure de la Vallée.
Lia Fauchereuse. Blanche de Percival.
Rose de Liméreuil et Sylvie Laboulaye.

And I think of those schoolgirls on holiday,
on the estates that were still profitable,
eating green apples, rancid hazel-nuts
in front of the peacock in the cool, dark park, with its golden grill-work.

One of those houses had an open table.
They ate many courses and had much laughter.
Through the window you could see the green lawn
and the window panes glowed in the setting sun.

And then a handsome young man married the schoolgirl
—a very beautiful girl who was pink and white—
and who laughed when he lowered his hips to the bed.
And they had many children, knowing well how to make them.

9

La salle à manger

Il y a une armoire à peine luisante
qui a entendu les voix de mes grand'tantes,
qui a entendu la voix de mon grand-père,
qui a entendu la voix de mon père.
A ces souvenirs l'armoire est fidèle.
On a tort de croire qu'elle ne sait que se taire,
car je cause avec elle.

Il y a aussi un coucou en bois.
Je ne sais pourquoi il n'a plus de voix.
Je ne veux pas le lui demander.
Peut-être bien qu'elle est cassée,
la voix qui était dans son ressort,
tout bonnement comme celle des morts.

Il y a aussi un vieux buffet
qui sent la cire, la confiture,
la viande, le pain et les poires mûres.
C'est un serviteur fidèle qui sait
qu'il ne doit rien nous voler.

Il est venu chez moi bien des hommes et des femmes
qui n'ont pas cru à ces petites âmes.
Et je souris que l'on me pense seul vivant
quand un visiteur me dit en entrant:
—comment allez-vous, monsieur Jammes?

The Dining Room

There is a cupboard that scarcely shines
which has heard the voices of my great aunts,
which has heard the voice of my grandfather,
which has heard the voice of my father.
The cupboard is faithful to these memories.
It is incorrect to assume it can only keep silence,
because I speak with it.

There is also a wooden cuckoo clock.
I do not know why it no longer has a voice.
I do not wish to ask it.
Perhaps it is broken,
the voice that was in its spring,
just like that of the dead.

There is also an old buffet
that smells of wax, of jam,
of meat, of bread and ripe pears.
It is a faithful servant who knows
that it must not steal anything from us.

Many men and women have come to my house
who did not believe in these little souls.
And I smile that they think I live alone
when upon entering a visitor says to me:
—how are you, M. Jammes?

Écoute, dans le jardin...

Écoute, dans le jardin qui sent le cerfeuil,
chanter, sur le pêcher, le bouvreuil.

Son chant est comme de l'eau claire
où se baigne, en tremblant, l'air.

Mon cœur est triste jusqu'à la mort,
bien que de lui plusieurs aient été, et une soit—folles.

La première est morte. La seconde est morte;
—et je ne sais pas où est une autre.

Il y en a cependant encore une
qui est douce comme la lune...

Je m'en vais la voir cet après-midi.
Nous nous promènerons dans une ville...

Ce sera-t-il dans les clairs quartiers
de villas riches, de jardins singuliers?

Roses et lauriers, grilles, portes closes
ont l'air de savoir quelque chose.

Ah! si j'étais riche, c'est là
que je vivrais avec Amaryllia.

Je l'appelle Amaryllia. Est-ce bête!
Non, ce n'est pas bête. Je suis poète.

Est-ce que tu te figures que c'est amusant
d'être poète a vingt-huit ans?

Listen, in the Garden . . .

Listen, in the garden fragrant with chervil,
to the song of the bullfinch in the peach tree.

His song is like clean water
where the trembling air bathes.

My heart is sick unto death,
although several have been, and one still is—mad about me.

The first is dead. The second is dead;
—and I do not know where the other one is.

There is however another one
who is sweet as the moon . . .

I am going to see her this afternoon.
We will walk in a town . . .

Will it be in the bright regions
of rich villas, of private gardens?

Roses and laurels, iron grillwork, closed gates
have the air of knowing something.

Ah! if I were rich, that is where
I would live with Amaryllia.

I call her Amaryllia. It's foolish!
No, it's not foolish. I am a poet.

Do you think it's amusing
to be a poet at twenty-eight years of age?

Dans mon porte-monnaie, j'ai dix francs
et deux sous pour ma poudre. C'est embêtant.

Je conclus de là qu'Amaryllia
m'aime, et ne m'aime que pour moi.

Ni le Mercure ni l'Ermitage
ne me donnent de gages.

Elle est vraiment très bien Amaryllia,
et aussi intelligente que moi.

Il manque cinquante francs à notre bonheur.
On ne peut pas avoir tout, et le cœur.

Peut-être que si Rothschild lui disait:
Viens-t'en . . . Elle lui répondrait:

non, vous n'aurez pas ma petite robe,
parce que j'en aime un autre . . .

Et que si Rothschild lui disait: quel est
le nom de ce . . . de ce . . . de ce . . . poète?

Elle lui dirait: c'est Francis Jammes.
Mais ce qu'il aurait de triste en tout cela:

c'est que je pense que Rothschild ne saurait pas
qui est ce poète-là.

In my wallet, I have ten francs
and two sous for my bankroll. It's ridiculous.

Therefore I conclude that Amaryllia
loves me, and loves me for myself only.

Neither the *Mercure* nor the *Ermitage*
offer me wages.

Amaryllia is truly very nice,
and as intelligent as I.

Our happiness is fifty francs short.
One can't have it all, *and* the heart.

Perhaps if Rothschild should say to her:
Come . . . She would reply:

No, you shall not lift my little dress,
because I love another . . .

And if Rothschild should say to her: What is
the name of this . . . of this . . . of this . . . poet?

She would tell him: it is Francis Jammes.
But what would be sad about all that, I think,

is that Rothschild would not know
who that poet is.

L'église était calme au soleil

J'étais ga iet l'église était calme au soleil,
près des jardins où sous la vigne il y a des roses,
près de la route où les oies et les canards causent,
les belles oies qui sont blanches comme du sel.

Sainte-Suzanne est le nom du petit village :
c'est un nom doux ainsi qu'un vieux nom de grand-mère.
L'auberge est pleine de fumée et de gros verres.
Les vieilles femmes n'y ont pas de babillage.

Il y a au soleil des chemins très obscurs,
pleins de feuillages frais, et qui n'ont pas de fin.
On s'y donnerait des baisers longs, doux et durs
par les après-midi des dimanches beaux et simples.

Je pense à tout cela. Alors une tristesse
me vient d'avoir laissé la femme que j'amais.
J'avais vu autrement, alors, le mois de mai,
car mon cœur est fait pour aimer, aimer sans cesse.

Je sens que je suis fait pour un amour très pur
comme le soleil blanc qui glisse au bas du mur,
et j'ai dans mon cœur des amours froids comme ceux
quand je passais ma main à travers ses cheveux.

Le soleil pur, le nom doux du petit village,
les belles oies qui sont blanches comme le sel,
se mêlent à mon amour d'autrefois, pareil
aux chemins obscurs et longs de Sainte-Suzanne.

The Church Was Calm in the Sunlight

I was joyful and the church was calm in the sunlight,
near gardens where roses grow beneath the grapevines,
near the road where the geese and ducks converse,
the handsome geese who are white as salt.

Sainte-Suzanne is the name of the little village:
it's a name as sweet as the old-fashioned name of a grandmother.
The inn is full of smoke and sturdy glasses.
The old women don't gossip there.

In the sunlight there are some out-of-the-way paths,
full of fresh foliage, and seemingly endless.
There lovers might exchange long, sweet and hard kisses
on beautiful, simple Sunday afternoons.

I think of all that. Then a sadness
comes over me for having left the woman I loved.
I saw the month of May differently then,
for my heart is made to love, to love unceasingly.

I feel that I am made for the purest love
like the white sun sliding at the foot of the wall,
and my heart still trembles like it did
when I passed my hand through her hair.

The pure sun, the sweet name of the little village,
the handsome geese who are white as salt,
are mingled with my past love, like
the long, secret paths of Sainte-Suzanne.

Guadalupe de Alcaraz

Guadalupe de Alcaraz a des mitaines d'or,
des fleurs de grenadier suspendues aux oreilles
et deux accroche-cœur pareils à deux énormes
cédilles plaqués sur son front lisse de vierge.

Ses yeux sont dilatés comme par quelque drogue
(on dit qu'on employait jadis la belladone);
ils sont passionnés, étonnés et curieux,
et leurs prunelles noires roulent dans du blanc-bleu.

Le nez est courbe et court comme le bec des cailles.
Elle est dure, dorée, ronde comme une grenade.
Elle s'appelle aussi Rosita-Maria,
mais elle appelle sa duègne : carogna!

Toute la journée elle mange du chocolat,
ou bien elle se dispute avec sa perruche
dans un jardin de la Vallée d'Alméria
plein de ciboules bleues, de poivriers et de ruches.

Lorsque Guadalupe qui a dix-sept ans
en aura quatre-vingts, elle s'en ira souvent
dans le jardin aux forts parfums, aux fleurs gluantes,
jouer de la guitare avec de petits gants.

Elle aura le nez crochu et le menton croche,
les yeux troubles des vieux enfants, la maigreur courbe,
et une chaîne d'or à longuee émeraudes
qui, roide, tombera de son col de vautour.

Guadalupe of Alcaraz

Guadalupe of Alcaraz wears golden mittens,
pomegranate flowers suspend from her ears
and two love-locks like two enormous
question-marks are pasted against her smooth virginal forehead.

Her eyes are dilated as though by some drug
(it is said that they used to use belladonna);
they are passionate, astonished and curious,
and their black pupils roll in the blue-white whites.

Her nose is curved and short like the beak of a quail.
She is solid, golden, round as a pomegranate.
Her name is also Rosita-Maria,
but she calls her duenna: old witch!

All day long she eats chocolates,
or else argues with her parakeet
in a garden in the Valley of Alméria
full of blue-flowered scallions and beehives.

When Guadalupe, who is now seventeen,
reaches her eightieth year, she will often enter
the heavily perfumed garden, with its sticky flowers,
to play her guitar with little gloves.

She will have a crescent-shaped nose and a hooked chin,
the troubled eyes of children old before their time, a stooped carriage,
and a golden chain with long emeralds
that hangs stiff from her vulture's neck.

D'un martinet géant et qui sera sa canne,
elle battra les chats, les enfants et les mouches.
Pour ne pas répondre, elle serrera la bouche.
Elle aura sur la lèvre une moustache rase.

Elle aura dans sa chambre une vierge sous globe,
gantée de blanc, avec de l'argent sur la robe.
Cette vierge de cire sera sa patronne,
c'est-à-dire Notre-Dame-de-Guadalupe.

Lorsque Guadalupe de Alcaraz mourra,
de gros hidalgos pareils à des perroquets
prieront devant ses pieds minces et parallèles,
en ayant l'air d'ouvrir et de fermer les ailes.

With a giant whip that will serve as a cane,
she will beat the cats, the children and the flies.
Keeping silent, she will clench her teeth.
On her lip she will have a cropped mustache.

In her room she will have a virgin under glass,
white-gloved, with silver on her dress.
This wax virgin will be her patron saint,
that is to say Our Lady of Guadalupe.

When Guadalupe of Alcaraz dies,
big noblemen like parakeets
will pray at her tiny aligned feet,
seeming to open and close their wings.

L'enfant lit l'almanach . . .

L'enfant lit l'almanach près de son panier d'œufs.
Et, en dehors des Saints et du temps qu'il fera,
elle peut contempler les beaux signes des cieux:
Chèvre, Taureau, Bélier, Poissons, *et cœtera.*

Ainsi peut-elle croire, petite paysanne,
qu'au-dessus d'elle, dans les constellations,
il y a des marchés pareils avec des ânes,
des taureaux, des béliers, des chèvres, des poissons.

C'est le marché du Ciel sans doute qu'elle lit.
Et, quand la page tourne au signe des Balances,
elle se dit qu'au Ciel comme à l'épicerie
on pèse le café, le sel et les consciences.

The Child Is Reading the Almanac

The child is reading the almanac beside her basket of eggs.
And, aside from the Saints' days and the weather forecasts,
she contemplates the beautiful heavenly signs.
Goat, Bull, Ram, Fish, etcetera.

Thus, she is able to believe, this little peasant child,
that above her, in the constellations,
there are markets with donkeys,
bulls, rams, goats, fish.

Doubtless she is reading of the market of Heaven.
And, when she turns the page to the sign of the Scales,
she says to herself that in Heaven, as in the grocery store
they weigh coffee, salt and consciences.

Avec ton parapluie bleu et tes brebis

Avec ton parapluie bleu et tes brebis sales,
avec tes vêtements qui sentent le fromage,
tu t'en vas vers le ciel du coteau, appuyé
sur ton bâton de houx, de chêne ou de néflier.
Tu suis le chien au poil dur et l'âne portant
les bidons ternes sur son dos saillant.
Tu passeras devant les forgerons des villages,
puis tu regagneras la balsamique montagne
où ton troupeau paîtra comme des buissons blancs.
Là, des vapeurs cachent les pics en se traînant.
Là, volent des vautours au col pelé et s'allument
des fumées rouges dans des brumes nocturnes.
Là, tu regardas avec tranquillité,
l'esprit de Dieu planer sur cette immensité.

With Your Blue Umbrella and Your Lambs

With your blue umbrella and your dirty lambs,
with your clothes that smell of cheese,
you go against the sky above the hill, leaning
on your staff of holly, of oak or medlar-tree.
You follow the shaggy dog and the donkey carrying
the tarnished milk-cans on his sagging back.
You will pass the village blacksmith shops,
then you will reach the pine-scented mountain
where your flock will graze like white bushes.
There, trailing vapors cover the peaks.
There, bald-headed vultures soar and
red smokes illumine the evening mists.
There, you will tranquilly regard
the spirit of God soaring above that immensity.

L'âne était petit et plein de pluie

L'âne était petit et plein de pluie et tirait
la charrette qui avait passé la forêt.
La femme, sa petite fille et le pauvre âne
faisaient leu devoir doux, puisque dans le village
ils vendaient pour le feu le bois des fruits de pin.
La femme et la petite fille auront du pain
qu'elles mangeront dans leur cuisine, ce soir,
près du feu que la chandelle rendra plus noir.
Voici Noël. Elles ont des figures douces
comme la pluie grise qui tombe sur la mousse.
L'âne doit être le même âne qu'à la crèche
qui regardait Jésus dans la nuit noire et fraîche:
Car rien ne change et s'il n'y a pas d'étoile,
cette nuit, qui mene à Jésus les mages vieux,
c'est que cette comète au tremblement d'eau bleue
pleure la pluie. C'était aussi simple autrefois
quand les anges chantaient dans la paille du toit;
sans doute que les étoiles étaient des cierges
comme ceux qu'il y a aujourd'hui près des vierges
—et sans doute,—comme aujourd'hui les gens sans or
que Jésus, sa mère et Joseph étaient des pauvres.
Il y a cependant nous autres qui changeons
si rien ne change.—Et ceux qu'aime bien le bon Dieu,
comme autrefois aussi sous l'étoile d'eau bleue,
c'est les ânes très doux aux oreilles bougeantes,
avec leurs jambes minces, roides et tremblantes,
et les paysannes douces et naïves du matin
qui vendent pour le feu le bois des fruits du pin.

The Donkey Was Small and Covered with Rain

The donkey was small and covered with rain and was pulling
the cart through the forest.
The woman, her little girl and the poor donkey
were performing their sweet task, because in the village
they sold pinecones for use as firewood.
The woman and the little girl will fill themselves with bread
that they will eat in their kitchen, this evening,
next to the candle that will burn itself out.
It is Christmas. Their faces are as dear
as the gray rain that falls on the moss.
The donkey must be the same donkey that looked upon Jesus
in the manger on that cool dark night:
For nothing changes and if there are no stars,
tonight, to lead the old Magis to Jesus,
it is because that comet trembling like blue water
is weeping rain. It was as simple as that
when the angels sang on the thatched roof;
doubtless the stars were holy candles
like those that today burn beside the virgins
—and doubtless,—like the poor folk today
Jesus, his mother and Joseph were poor.
We are the ones, however, who change
even if nothing else changes.—And those whom the good God loves,
as in the old days beneath the star of blue water,
are the dear donkeys with their wagging ears,
with their thin legs, stiff and trembling,
and the dear innocent peasant women of the morning
who sell pinecones for use as firewood.

Sinbad le marin

Dans le verger où sont les arbres de lumière,
La pulpe des fruits lourds pleure ses larmes d'or.
Et l'immense Bagdad s'alanguit et s'endort
Sous le ciel étouffant qui bleuit la rivière.

Il est deux heures. Les palais silencieux
Ont des repas au fond des grandes salles froides
Et Sinbad le marin, sous le tentures roides,
Passe l'alcarazas d'un air sentencieux.

Mangeant l'agneau rôti, puis les pâtes d'amandes,
Tous laissent fuir la vie en écoutant pleuvoir
Les seaux d'eau qu'au seuil blanc jette un esclave noir.
Les passants curieux lui posent des demandes.

C'est Sinbad le marin qui donne un grand repas!
C'est Sinbad, l'avisé marin dont l'opulence
Est renommée et que l'on écoute en silence.
Sa galère était belle et s'en allait là-bas!

Il sent très bon le camphre et les rares aromes.
Sa tête est parfumée et son nez aquilin
Tombe railleusement sur sa barbe de lin:
Il a la connaissance et le savoir des hommes.

Il parle, et le soleil oblique sur Bagdad
Jette une braise immense où s'endorment les palmes,
Et les convives, tous judicieux et calmes,
Écoutent gravement ce que leur dit Sinbad.

28

Sinbad the Sailor

In the orchard of the trees of light,
The pulp of the heavy fruits sheds golden tears.
And immense Baghdad languishes and drowses
Beneath the suffocating sky that tinges the river blue.

It is two in the afternoon. Within the silent palaces
Feasts are spread in the depths of the great dank rooms
And Sinbad the Sailor, under rigid tapestries,
Passes the water jug sententiously.

While eating roast lamb, then almond cakes,
They all let life slip past listening to the rain
From the water pails the black slave pours across the white threshold.
People passing in the street pose questions.

It is Sinbad the Sailor who is giving a great feast!
It is Sinbad, the wise sailor whose opulence
Is well-known and to whom one listens in silence.
His galley was splendid and went to the far reaches!

He smells sublimely of camphor and rare aromas.
His hair is perfumed and his aquiline nose
Mockingly curves toward his flaxen beard:
He has understanding and knowledge of men.

He speaks, and the slanting sun over Baghdad
Casts a giant ember among the slumbering palms,
And the guests, unanimously judicious and calm,
Listen seriously to what Sinbad has to say.

Bruges

A Thomas Braun.

Bruges tu me rappelles les reliques
que l'on me faisait, quand j'étais enfant,
avec deux clairs morceaux de vitre
et de frais pétales de roses dedans.

Dans l'estaminet, de tristes jeunes gens
fumaient, dès le matin, par ce dimanche,
où ils avaient, dans une chambre,
fondé un club de lettres et de sciences.

Et l'un disait : Voici un livre rare,
mais nous ne savons pas ce que c'est.
L'autre disait : cette figure de femme
dans le canal a été ramassée.

On y vendait beaucoup de comestibles,
des poissons qui nageaient morts dans l'oignon,
et, sèches comme des fouets, des anguilles
et aussi des espèces d'esturgeons.

Les carillons sonnaient comme des verres
qui tomberaient l'un après l'autre
et, près du béguinage propre et sévère,
il n'y avait que la mort noire et blanche de l'eau.

Et je longeais les maisons, pareilles
à des découpures très vertes,
une à une à une, vertes
comme des bateaux et des treilles.

Bruges

To Thomas Braun.

Bruges you remind me of the relics
they used to make me, when I was a child,
with two clear pieces of glass
and fresh rose petals between.

In the tavern, sad young people
had been smoking in a room
since morning, that Sunday,
when they had founded a literary club.

One of them said: Here is a rare book,
but we do not know what it is.
Another said: that body of a woman
has been dragged out of the canal.

They sold a lot of food there,
fish swimming dead in onions,
and eels as dry as whips
as well as a kind of sturgeon.

The chimes rang like glasses
falling one after the other
and, near the convent clean and severe,
there was only the black and white death of the water.

And I strolled past the houses, that were like
bright green paper cut-outs,
one by one by one, green
as the boats and vine arbors.

Amsterdam

A Emile van Mons.

Les maisons pointues ont l'air de pencher. On dirait
qu'elles tombent. Les mâts des vaisseaux qui s'embrouillent
dans le ciel sont penchés comme des branches sèches
au milieu de verdure, de rouge, de rouille,
de harengs saurs, de peaux de moutons et de houille.

Robinson Crusoë passa par Amsterdam,
(je crois, du moins, qu'il y passa), en revenant
de l'île ombreuse et verte aux noix de coco fraîches.
Quelle émotion il dut avoir quand il vit luire
les portes énormes, aux lourds marteaux, de cette ville! ...

Regardait-il curieusement les entresols
où les commis écrivent des livres de comptes?
Eut-il envie de pleurer en resongeant
à son cher perroquet, à son lourd parasol
qui l'abritait dans l'île attristée et clémente?

"O Éternel! soyez béni," s'écriait-il
devant les coffres peinturlurés de tulipes.
Mais son cœur attristé par la joie du retour
regrettait son chevreau qui, aux vignes de l'île,
était resté tout seul et, peut-être, était mort.

Et j'ai pensé à ça devant les gros commerces
où l'on songe à des Juifs qui touchent des balances,
avec des doigts osseux noués de bagues vertes.
Vois! Amsterdam s'endort sous les cils de la neige
dans un parfum de brume et de charbon amer.

Amsterdam

To Emile van Mons.

The pointed houses seem to tilt. You might say
they are falling. The ships' masts that meet
the sky lean like brittle branches
in the midst of verdure, redness, rust,
kippered herring, sheepskins and coal.

Robinson Crusoe passed through Amsterdam,
(at least I think he did), on returning
from the shady green island of fresh coconuts.
What great emotion he must have felt when he saw the gleam
of the enormous doors, with their heavy knockers, of that city! . . .

Did he curiously regard the mezzanines
where the clerks write in ledgers?
Did he want to weep when he dreamed again
of his dear parrot, of his heavy parasol
that sheltered him on that sad, calm island?

"O Eternal One, be blessed," he would cry
before the chests garishly painted with tulips.
But his heart, saddened by the joy of his return,
longed for his goat that remained all alone
in the island vineyards, and, perhaps, was dead.

And I thought of that in front of the big financial houses
where one imagines Jews balancing scales,
with bony knotted fingers encircled by green-stoned rings.
Look! Amsterdam slumbers beneath the eyelashes of snow
in a perfume of fog and bitter coal.

Hier soir les globes blancs des bouges allumés,
d'où l'on entend l'appel sifflé des femmes lourdes,
pendaient comme des fruits ressemblant à des gourdes.
Bleues, rouges, vertes, les affiches y luisaient.
L'amer picotement de la bière-sucrée
m'y a râpé la langue et démangé au nez.

Et, dans les quartiers juifs où sont les détritus,
on sentait l'odeur crue et froide du poisson.
Sur les pavés gluants étaient des peaux d'orange.
Une tête bouffie ouvrait des yeux tout larges,
un bras qui discutait agitait des oignons.

Rebecca, vous vendiez à de petites tables
quelques bonbons suants arrangés pauvrement . . .

On eût dit que le ciel, ainsi qu'une mer sale,
versât dans les canaux des nuages de vagues.
Fumée qu'on ne voit pas, le calme commercial
montait des toits cossus en nappes imposantes,
et l'on respirait l'Inde au confort des maisons.

Ah! j'aurais voulu être un grand négociant,
de ceux qui autrefois s'en allaient d'Amsterdam
vers la Chine, confiant l'administration
de leur maison à de fidèles mandataires.
Ainsi que Robinson j'aurais devant notaire
signé pompeusement ma procuration.

Yesterday evening the white globes of the lighted candles,
from which you can hear wheezing gasps like those of fat women,
hung like fruit resembling gourds.
Blues, reds, greens, the advertising posters glowed.
The bitter tingle of the sweet beer
stung my tongue and tickled my nose.

And, in the Jewish quarters where rubbish is strewn,
you could smell the raw chill odor of fish.
Orange peels lay on the sticky pavements.
A bloated head opened wide eyes,
a gesturing arm stirred the onions.

Rebecca, at little tables you sold
a few sweaty, poorly displayed candies . . .

One could have said that the sky, like a dirty sea
poured clouds of waves into the canals.
Like invisible smoke, commercial calm
rose in imposing layers from rooftops of the rich,
whose homes were regal with the comforts of India.

Ah! I would have enjoyed being an important businessman,
one of those who used to travel from Amsterdam
to China, trusting the administration
of their business to faithful agents.
Like Robinson I would have pompously signed
my power-of-attorney before a notary.

Alors, ma probité aurait fait ma fortune.
Mon négoce eût fleuri comme un rayon de lune
sur l'imposante proue de mon vaisseau bombé.
J' aurais reçu chez moi les seigneurs de Bombay
qu'eût tentés mon épouse à la belle santé.

Un nègre aux anneaux d'or fût venu du Mogol
trafiquer, souriant, sous son grand parasol!
Il aurait enchanté de ses récits sauvages
ma mince fille aînée, à qui il eût offert
une robe en rubis filé par des esclaves.

J'aurais fait faire les portraits de ma famille
par quelque habile peintre au sort infortuné:
ma femme belle et lourde, aux blondes joues rosées,
mes fils, dont la beauté aurait charmé la ville,
et la grâce diverse et pure de mes filles.

C'est ainsi qu'aujourd'hui, au lieu d'être moi-même,
j'aurais été un autre et j'aurais visité
l'imposante maison de ces siècles passés,
et que, rêveur, j'eusse laissé flotter mon âme
devant ces simples mots : là vécut Francis Jammes.

Then, my honesty would have made my fortune.
My business would have flourished like a moonbeam
on the imposing prow of my swelling ship.
I would have received in my home the lords of Bombay
who would have been tempted by my splendid wife.

A negro with golden rings would have come from the Mogol
to barter, smilingly, beneath his large parasol!
He would have enchanted, with his wild tales,
my slender eldest daughter, to whom he would have offered
a robe of rubies woven by slaves.

I would have had portraits made of my family
by some down-on-his-luck painter:
my wife, beautiful and buxom, with blond dewy cheeks,
my son, whose beauty would have charmed the town,
and the pure varied grace of my daughters.

Thus, today, instead of being who I am,
I would have been another and I would have visited
the handsome house of those centuries past,
and dreamily, I would have let my soul float
before these simple words: here lived Francis Jammes.

Ce fut la canicule de Juillet . . .

Ce fut la canicule de Juillet :
les stigmates des mais s'argentèrent,
et leurs étamines se desséchèrent.
Le geste rond dont on étend le blé
avec la faux au rateau attachée
sonna dans le tremblement du soleil.

La faux qui pousse un clair gémissement
rasa le blé et les liserons blancs,
la salicaire et le chardon volant.
La chaleur fit crépiter dans les champs
la paille creuse, aiguë, ronde et brisante.
Et éclata la cigale grinçante.

Son cri prit feu, soudain, comme la poudre,
se continuant d'arbre en arbre, et toute
la plaine bleue courbée sur le blé roux,
à l'heure de la sieste où rien ne bouge,
fit ce sifflement qu'entre ses dents pousse
un enfant qui excite un chien sur la route.

Tout, hors ce cri déchirant, fit silence.

It Was in the Dog Days of July

It was in the dog days of July:
the corn tassels silvered,
and their stamens had dried.
The circular sweep of the wheat-scythe
sang in the shimmering sun.

The sighing scythe
shaved the wheat and the white bindweed,
the marsh willow and thistle.
The heat made the hollow wheat-straw crackle
in the fields, sharp, round and explosive.
And the grating cicada suddenly stir.

Its cry took fire, suddenly, like gunpowder,
passing from tree to tree, and all
the blue plain curving over russet wheat,
at siesta time when nothing stirs,
whistled like a child does between his teeth
to spur a dog along the road.

All, save that piercing sound, was silent.

Un vieux château triste et gris

Il y a par là un vieux château triste et gris
comme mon cœur, où quand il tombe de la pluie
dans la cour abandonnée, des pavots plient
sous l'eau lourde qui les effeuille et les pourrit.

Autrefois sans doute la grille était ouverte,
et dans la maison les vieux courbés se chauffaient
auprès d'un paravent à la bordure verte
où il y avait les quatre saisons coloriées.

On annonçait les Percival, les Demonville
qui arrivaient dans leurs voitures, de la ville,
et dans le vieux salon soudain plein de gaîté,
les vieux se présentaient leurs civilités.

Puis les enfants allaient jouer à cache cache
ou bien chercher des œufs. Puis dans les froides chambres
ils revenaient voir les grands portraits aux yeux blancs,
ou, sur la cheminée, de drôles coquillages.

La mère qui vivait encore se souvenait
de ce cher fils mort presque au moment des vacances,
à l'époque où les feuilles épaisses se balancent
dans les grandes chaleurs auprès des ruisseaux frais.

Pauvre enfant—disait-elle—il aimait tant sa mère,
il évitait toujours de faire de la peine.
Et elle pleurait encore en se rappelant
ce pauvre fils très simple et bon, mort à seize ans.

Maintenant la mère est morte aussi. Que c'est triste.
C'est triste comme mon cœur par ce jour de pluie
et comme cette grille où les pavots roses plient
sous l'eau de pluie lourde qui luit et qui les pourrit.

An Old Castle Sad and Gray

There is an old castle nearby, sad and gray
as my heart, where, when the rain falls
in the abandoned courtyard, the poppies bend
beneath the heavy drops that pluck their petals and spoil them.

Certainly in the past the gate was open,
and in the house the stoop-shouldered old people warmed themselves
near a green-bordered screen
painted with scenes of the four seasons.

The Percivals, the Demonvilles would be announced
as they arrived in their carriages, from the city,
and in the old salon, suddenly filled with gaiety,
the old ones would display their hospitality.

Then the children would go to play hide-and-seek
or search for eggs. Then in the cold rooms
they would return to stare at the great blank-eyed portraits,
or the strange shells on the mantel.

The mother, who was still alive, would remember
that beloved son who had died just before vacation,
at the time when the thick leaves sway
in the great heat near the cool streams.

Poor child—she would say—he loved his mother so,
he never caused her sorrow.
And she would weep again remembering
that poor son, so simple and good, dead at sixteen.

Now the mother is dead as well. It is sad.
It is as sad as my heart on this rainy day
and as that gate where the pink poppies bend
beneath the heavy drops that glisten and spoil them.

Il va neiger dans quelques jours

Il va neiger dans quelques jours. Je me souviens
de l'an dernier. Je me souviens de mes tristesses
au coin du feu. Si l'on m'avait demandé : qu'est-ce?
J'aurais dit : laissez-moi tranquille. Ce n'est rien.

J'ai bien réfléchi, l'année avant, dans ma chambre,
pendant que la neige lourde tombait dehors.
J'ai réfléchi pour rien. A présent comme alors
je fume une pipe en bois avec un bout d'ambre.

Ma vieille commode en chêne sent toujours bon.
Mais moi j'étais bête parce que ces choses
ne pouvaient pas changer et que c'est une pose
de vouloir chasser les choses que nous savons.

Pourquoi donc pensons-nous et parlons-nous? C'est drôle;
nos larmes et nos baisers, eux, ne parlent pas
et cependant nous les comprenons, et les pas
d'un ami sont plus doux que de douces paroles.

On a baptisé les étoiles sans penser
qu'elles n'avaient pas besoin de nom et les nombres
qui prouvent que les belles comètes dans l'ombre
passeront, ne les forceront pas à passer.

Et maintenant même, où sont mes vieilles tristesses
de l'an dernier? A peine si je m'en souviens.
Je dirais : laissez-moi tranquille, ce n'est rien,
si dans ma chambre on venait me demander : qu'est-ce?

It's Going to Snow in a Few Days

It's going to snow in a few days. I remember
last year. I recall my sorrows
beside the fire. If anyone had asked me: what is it?
I would have answered: leave me alone. It is nothing.

I reflected on much, the year before, in my room,
while the heavy snow fell outside.
I reflected in vain. And now, as before,
I smoke a wooden pipe with an amber stem.

My old oak bureau always smells good.
But I, I was stupid because these things
could not change and it is a pose
to want to chase away the things we know.

Why then do we think and do we speak? It is strange;
our tears and our kisses do not speak
but we understand them, and the step
of a lover is sweeter than the sweetest words.

We have baptised the stars without realizing
that they had no need of a name, and the numbers
that prove that the beautiful comets will pass
in the darkness will not force them to pass.

And even now, where are my old sorrows
of last year? I scarcely recall them.
I would say: leave me alone, it is nothing,
if someone came to my room to ask: what is it?

La tristesse douce du hobereau solitaire

Il s'occupe des travaux de la terre et taille
les haies, ramasse le blé et les figues qui baîllent.
Il a un pavillon dans sa vigne, et il goûte
le vin en bois aigre qu'il examine au jour.
Un lièvre lui mange les choux de son jardin
où quelques rosiers sont lourds de pluie, le matin.
Parfois on lui apporte un acte notarié,
un paysan, pour savoir comment être payé.
Il nettoie son fusil et couche avec sa bonne.
L'existence lui est douce, calme et bonne.
Il fit son droit jadis.
                    Une photographie
nous le montre triste, pommadé et jauni,
à l'époque de son duel pour une femme.
Il tient un journal à la main et regarde
devant lui.

On a enterré les vieux parents qu'il aimait,
et dont il parle avec un touchant respect.
Il n'a pas d'héritiers et sa succession,
qui sera belle, sera partagée, dit-on,
entre les Dumouras et les Cosset. Qui sait?

Il vit ainsi, auprès des chênes, et c'est
de longues veillées qu'il passe à la cuisine
où dort le chien rose de feu, où les mouches
salissent de cacas tout ce qu'elles touchent.

Parfois, le matin, il s'essaye à un trombone
triste auquel est habituée sa bonne.
Il vit ainsi doucement, sans savoir pourquoi.
Il est né un jour. Un autre jour il mourra.

44

The Sweet Sorrow of the Solitary Country Squire

He works on the land and prunes
the hedges, gathers the wheat and the sleepy figs.
He has a summer-house in his vineyard, and he savors
the sour wine aged in wood that he holds up to the light.
A hare eats the cabbages in his garden
where rose-trees are heavy with rain in the mornings.
Sometimes a peasant comes to him with a notarized deed,
to find out how he might collect his money.
He cleans his gun and sleeps with his housekeeper.
He used to practice law.
                              A photograph
shows him sad, dour, his hair slicked down,
at the time of his duel fought for a woman.
He holds a newspaper in his hand and stares
straight ahead . . .

They have buried the old parents that he loved,
and of whom he speaks with a touching respect.
He has no heirs and his estate,
which will be considerable, will be divided, they say,
among the Dumouras and the Cosset. Who knows?

And so he lives, near the oaks, and
passes long evenings in the kitchen
where the dog sleeps pink-coated from the fire, where the flies
soil everything with their excrement.

Sometimes, in the morning, he plays a melancholy trombone,
to which his housekeeper has become accustomed.
He lives on, peacefully, without knowing why.
He was born one day. On another day he will die.

Souvenirs d'enfance

L'école

J'allai chez Monsieur Lay l'instituteur.
Mon alphabet était comme des fleurs.
Je me souviens du poêle et de la bûche
que chaque enfant du village apportait
lorsque le ciel est une blanche ruche
et qu'au réveil on dit: "Il a neigé!"

Je me souviens aussi de la gaîté
de mon tablier, aux jours mûrs d'Été
quand je quittais l'école un peu plus tôt.
Petit petit j'avais encore les Cieux
dedans les yeux comme une goutte d'eau
à travers quoi l'on peut voir le Bon Dieu.

Mes compagnons

Eau, feuillage, air, sable, racines, fleurs,
sauterelles, lombrics, martin-pêcheurs,
brume tombant sur quelque champ de raves,
vrilles de vigne au toit de tisserand:
O doux génies qui m'aviez fait esclave!
Vous m'amusiez, moi petit, vous si grands!

Childhood Memories

School

I went to M. Lay, the teacher.
My alphabet was like flowers.
I remember the stove and the log
that each child of the village would bring
when the sky is a white beehive
and when you awaken you say: "It's snowed!"

I also remember the brightness
of my smock, on those mellow summer days
when I left school a little early.
Small, so small I still had the Heavens
within my eyes like a drop of water
through which you can see the Good God.

My Companions

Water, foliage, air, sand, roots, flowers,
grasshoppers, earthworms, kingfishers, locusts,
mist falling on some turnip field,
vine tendrils on the weaver's roof:
O gentle genies who enslaved me!
You were my playmates, me so small, you so big!

C'était affreux

C'était affreux ce pauvre petit veau qu'on traînait
tout à l'heure à l'abattoir et qui résistait,

et qui essayait de lécher la pluie
sur les murs gris de la petite ville triste.

O mon Dieu! Il avait l'air si doux
et si bon, lui qui était l'ami des chemins en houx.

O mon Dieu! Vous qui êtes si bon,
dites qu'il y aura pour nous tous un pardon

—et qu'un jour, dans le Ciel en or, il n'y aura
plus de jolis petits veaux qu'on tuera,

et, qu'au contraire, devenus meilleurs,
sur leurs petites cornes nous mettrons des fleurs.

O mon Dieu! Faites que le petit veau
ne souffre pas trop en sentant entrer le couteau . . .

It Was Terrible

It was terrible to see that poor struggling little calf being dragged
just now to the slaughterhouse,

and who tried to lick the rainwater
on the gray walls of the sad little town.

O my God! he seemed so gentle
and so good, he who had been the friend of the holly-lined lanes.

O my God! You who are so good,
tell us that there will be a pardon for us all

—and that some day, in golden Heaven, we shall no longer
murder precious little calves,

and, instead, having become kindlier,
we shall wreathe their little horns with flowers.

O my God! Don't let the little calf
suffer too much as he feels the knife enter . . .

La maison serait pleine de roses . . .

La maison serait pleine de roses et de guêpes.
On y entendrait, l'après-midi, sonner les vêpres ;
et les raisins couleur de pierre transparente
sembleraient dormir au soleil sous l'ombre lente.
Comme je t'y aimerais. Je te donne tout mon cœur
qui a vingt-quatre ans, et mon esprit moqueur,
mon orgueil et ma poésie de roses blanches ;
et pourtant je ne te connais pas, tu n'existes pas.
Je sais seulement que, si tu étais vivante,
et si tu étais comme moi au fond de la prairie,
nous nous baiserions en riant sous les abeilles blondes
près du ruisseau frais, sous les feuilles profondes.
On n'entendrait que la chaleur du soleil.
Tu aurais l'ombre des noisetiers sur ton oreille,
puis nous mêlerions nos bouches, cessant de rire,
pour dire notre amour que l'on ne peut pas dire ;
et je trouverais, sur le rouge de tes lèvres,
le goût des raisins blonds, des roses rouges et des guêpes.

The House Would Be Full of Roses

The house would be full of roses and wasps.
One would hear there, in the afternoon, the ringing of vespers;
and grapes the color of transparent stone
would seem to sleep in the sun beneath the slow shadow.
How I would love you there. I give you all my heart
which is twenty-four years old, and my mocking spirit,
my pride and my poetry of white roses;
however I do not know you, you do not exist.
I know only that, if you were alive,
and if you, like me, were at the bottom of the meadow,
we would kiss and laugh beneath the blond bees,
near the fresh stream, under deep leaves.
We would hear only the heat of the sun.
You would have the shade of the hazel trees on your ear,
then we would mingle our mouths, cease our laughter,
so that we might tell our love that cannot be told;
and I would discover, on the red of your lips,
the taste of blond grapes, of red roses and the wasps.

Je ne veux pas d'autre joie . . .

Je ne veux pas d'autre joie, quand l'été
reviendra, que celle de l'an passé.
Sous les muscats dormants, je m'assoirai.
Au fond des bois qui chantent de l'eau fraîche,
j'écouterai, je sentirai, verrai
tout ce qu'entend, sent et voit la forêt.

Je ne veux pas d'autre joie, quand l'automne
reviendra, que celle des feuilles jaunes
qui racleront les coteaux où il tonne,
que le bruit sourd du vin neuf dans les tonnes,
que les ciels lourds, que les vaches qui sonnent,
que les mendiants qui demandent l'aumône.

Je ne veux pas d'autre joie, quand l'hiver
reviendra, que celle des cieux de fer,
que la fumée des grues grinçant en l'air,
que les tisons chantant comme la mer,
et que la lampe au fond des carreaux verts
de la boutique où le pain est amer.

Je ne veux pas, quand revient le printemps,
d'autre joie que celle de l'aigre vent,
que les pêchers sans feuilles fleurissant,
que les sentiers boueux et verdissants,
que la violette et que l'oiseau chantant
comme un ruisseau d'orage se gorgeant.

I Wish No Other Joy

I wish no other joy, when summer
returns, than that of the past year.
Beneath the slumbering muscats, I shall sit.
In deep woods that sing with cool water,
I shall hear, I shall feel, I shall see
all that the forest hears, feels and sees.

I wish no other joy, when autumn
returns, than that of the yellow leaves
that sweep the hills where it thunders,
than the muffled sound of new wine in the barrels,
than the heavy skies, than the cows who ring their bells,
than the beggars who ask alms.

I wish no other joy, when winter
returns, than that of the iron skies,
than the smoke of the loading cranes creaking in the air,
than the embers singing like the sea,
than the lamp at the bottom of the green glass-panes
of the shop where the bread is bitter.

I wish no other joy, when spring returns,
no other joy than that of the sharp wind,
than the leafless peach trees flowering,
than the muddy greening paths,
than the violet and the bird singing
like a raging brook gorging itself.

Le calendrier utile : Mars

Au mois de mars (le Bélier) on sème
le trèfle, les carottes, les choux et la luzerne.
On cesse de herser, et l'on met de l'engrais
au pied des arbres et l'on prépare les carrés.
On finit de tailler la vigne où l'on met en place,
après l'avoir aérée, les échalas.

Pour les bestiaux les rations d'hiver finissent.
On ne mène plus, dans les prairies, les génisses
qui ont de beaux yeux et que leurs mères lèchent,
mais on leur donnera des nourritures fraîches.
Les jours croissent d'une heure cinquante minutes.
Les Soirées sont douces et, au crépuscule,
les chevriers traînards gonflent leurs joues aux flûtes.
Les chèvres passent devant le bon chien
qui agite la queue et qui est leur gardien.

The Useful Calendar: March

In the month of March (the Ram) we sow
clover, carrots, cabbage and alfalfa.
We stop harrowing, and we put the fertilizer
at the foot of the trees and prepare the garden patches.
We finish pruning the grapes, and after spading them,
we put the stakes in place.

The livestock's winter rations are exhausted.
We no longer lead, into the meadows, the heifers
who have beautiful eyes and whose mothers lick them,
but they will be given fresh fodder.
The days lengthen by an hour and fifty minutes.
The evenings are sweet and, at dusk,
the dawdling goatherds swell their cheeks at the flutes.
The goats pass in front of the good dog
who wags his tail and is their guardian.

Ce sont les travaux . . .

Ce sont les travaux de l'homme qui sont grands:
celui qui met le lait dans les vases de bois,
celui qui cueille les épis de blé piquants et droits,
celui qui garde les vaches près des aulnes frais,
celui qui fait saigner les bouleaux des forêts,
celui qui tord, près des ruisseaux vifs, les osiers,
celui qui raccommode les vieux souliers
près d'un foyer obscur, d'un vieux chat galeux,
d'un merle qui dort et des enfants heureux;
celui qui tisse et fait un bruit retombant,
lorsqu'à minuit les grillons chantent aigrement;
celui qui fait le pain, celui qui fait le vin,
celui qui sème l'ail et les choux au jardin,
celui qui recueille les œufs tièdes.

These Are the Labors

These are the labors of man that are great:
he who puts milk in the wooden vessels,
he who gathers wheat-ears sharp and straight,
he who herds cattle near fresh alders,
he who bleeds birches in the forests,
he who twists willows near rushing brooks,
he who mends old shoes
near a dark hearth, an old mangy cat,
a sleeping blackbird and happy children;
he whose weaving makes a steady sound,
when at midnight the crickets sing shrilly;
he who bakes bread, he who makes wine,
he who sows garlic and cabbages in the garden,
he who gathers warm eggs.

L'église habillée de feuilles

La paix des champs s'étend autour de la chapelle.
Et, au carrefour poudreux, parmi les avoines,
les menthes, les chicorées et les aigremoines,
se dresse un grand Christ de bois creux où les abeilles
ont fait leur nid. Et on peut voir, dans le soleil,
aller, venir, ces affairées pleines de miel
comme des lettres noires écrites dans le ciel.

The Church Clothed in Leaves

The peace of the fields spreads around the chapel.
And, at the dusty crossroad, among the oats,
the mint, the chicory and the agrimony,
there stands a great Christ of hollow wood where the bees
have made their nest, and you can see, in the sunlight,
going, coming, these busy ones full of honey
like black letters written in the sky.

Il avait mis sa belle veste

Il avait mis sa belle veste,
la luisante, celle qu'il met
le dimanche, et aussi le reste
était neuf parce qu'il passait.

Il voulait être convenable
devant les examinateurs
bêtes, pour qu'ils soient bien aimables,
mais tout de même il avait peur.

Il ne posait pas le pauv' diable
parce qu'il ne pose jamais
avec personne. Près d' la table
il répondait mal, il était

timide devant ces gens chauves
qui ont un accent distingué;
lui qui a la peau un peu fauve
et des cheveux noirs, durs, bouclés;

sans doute sa sœur et sa mère
priaient pour lui dans ce moment:
il lui fallait ça pour se faire
une position. C'pendant

il a été refusé comme
élève médiocre et peu ver-
sé en littérature. L'homme
qui l'a collé est M'sieu Stapffer.

He Had Put on His Beautiful Vest

He had put on his beautiful vest,
the shining one, that he wore
on Sundays, and also the rest of his clothes
were new because he was going to take his baccalaureate examination.

He wanted to appear properly
before the stupid
examiners, so that they would be friendly,
but all the same he was frightened.

The poor devil did not put on a show
because that was not
his way. Next to the table
he answered poorly, he was

timid in front of those bald-headed men
who speak in such a distinguished manner;
he whose skin is slightly tawny
and whose hair is black, coarse, and curly;

doubtless his sister and his mother
were praying for him at that moment:
he had to pass so that he could get
a job. However

he was failed like
a mediocre student poorly-versed
in literature. The man
who flunked him is M. Stapffer.

Le soleil faisait luire

Le soleil faisait luire l'eau du puits dans le verre.
Les pierres de la ferme étaient cassées et vieilles,
et les montagnes bleues avaient des lignes douces
comme l'humidité qui luisait dans la mousse.
La rivière était noire et les racines d'arbres
étaient noires et tordues sur les bords qu'elle râpe.
On fauchait au soleil où les herbes bougeaient,
et le chien, timide et pauvre, par devoir aboyait.
La vie existait. Un paysan disait de gros mots
à une mendiante volant des haricots.
Les morceaux de forêt étaient des pierres noires.
Il sortait des jardins l'odeur tiède des poires.
La terre était pareille aux faucheuses de foin.
La cloche de l'église toussait au loin.
Et le ciel était bleu et blanc et, dans la paille,
on entendait se taire le vol lourd des cailles.

The Sun Was Reflected

The sun was reflected in the well-water in the glass.
The paving stones of the farm were broken and old,
and the blue mountains had gentle lines
like the moisture that gleamed in the moss.
The river was black and the roots of the trees
were black and twisted on the battered banks.
They were moving in the sun where the grasses swayed,
and the dog, timid and humble, bayed dutifully.
Life went on. A peasant spoke harsh words
to a beggar woman who was stealing beans.
The sections of forest were like black boulders.
From the garden rose the warm odor of the pears.
The earth was like freshly-mowed hay.
The church bell coughed in the distance.
And the sky was blue and white, and in the stubble,
one could hear the scolding of the large covey of quail.

La poussière des tamis chante au soleil

La poussière des tamis chante au soleil et vole.
Mets ton épaule et tes cheveux sur mon épaule
et mes cheveux. L'air est comme l'eau, et les bœufs
passent dans le matin froid des chemins boueux.
Les cloches des coteaux verts sonnent le dimanche.
Tu viens de te lever. Tu es toute blanche.
Le silence est grand et très doux comme la ligne
qui monte et descend, dans le ciel, sur les collines.
On sent qu'on est sain et dans mon esprit bleu,
je prie, parce que dans le ciel il y a Dieu.

The Dust from the Sieves Sings in the Sun

The dust from the sieves sings and flies in the sun.
Put your shoulder and your hair against my shoulder
and my hair. The air is clear as water, and the oxen
pass by in the cold morning on the muddy roads.
The bells on the green slopes ring in the Sunday.
You have just risen. You are pure white.
The silence is profound and as soft as the line
that rises and falls, in the sky, tracing the hills.
I feel fulfilled and deep in my soul
I pray, because there is a God in Heaven.

J'ai vu revenir les choses...

J'ai vu revenir les choses de l'année dernière :
l'orage, le printemps et les lilas flétris,
et j'ai bu du vin blanc dans le noir presbytère.
Et mon âme est toujours terrible, douce et triste.

Pourquoi mon cœur n'a-t-il pas toujours été seul ? . . .
Je n'aurais pas ce vide affreux au fond de moi :
et, prêtre paysan, j'aurais orné les croix
de coquelourdes, de fenouil et de glaïeuls.

Notre vie extérieure eût été peu changée,
ô mère . . . qui aurais porté dans le jardin
le reflet aveuglant de l'eau pour arroser
les terreaux granuleux d'ombre bleue du matin.

. . . Plus rien. Je veux dormir à l'ombre de la lampe,
le front contre les poings et les poings sur la table,
bercé par ce continuel bourdonnement
qu'entendent ceux qui n'entendent pas d'autre voix.

I Have Seen Again the Things

I have seen again the things of last year:
the storm, the springtime and the shrivelled lilacs,
and I have drunk white wine in the dark rectory.
And my soul is still tortured, sweet and sad.

Why has not my heart been always alone? . . .
I would not have this terrifying void deep within me:
and, as a country priest, I would decorate the crosses
with Easter flowers, fennel and gladioli.

Our outer life would have been little changed,
O mother . . . who would have carried to the garden
the blinding reflection of the water to dampen
the grainy compost piles in the blue morning shadow.

. . . Nothing more. I want to sleep in the shadow of the lamp,
my forehead against my fists and my fists on the table,
lulled by that continual humming
which is heard by those who hear no other voice.

Prière pour aimer la douleur

Je n'ai que ma douleur et je ne veux plus qu'elle.
Elle m'a été, elle m'est encore fidèle.
Pourquoi lui en voudrais-je, puisqu'aux heures
où mon âme broyait le dessous de mon cœur,
elle se trouvait là assise à mon côté?
O douleur, j'ai fini, vois, par te respecter,
car je suis sûr que tu ne me quitteras jamais.
Ah! Je le reconnais : tu es belle à force d'être.
Tu es pareille à ceux qui jamais ne quittèrent
le triste coin de feu de mon cœur pauvre et noir.
O ma douleur, tu es mieux qu'une bien aimée :
car je sais que le jour où j'agoniserai,
tu seras là, couchée dans mes draps, ô douleur,
pour essayer de m'entrer encore dans le cœur.

Prayer for Loving Sorrow

I have nothing but my sorrow and I want nothing more.
It has been, it still is, faithful to me.
Why should I begrudge it, since during the hours
when my soul crushed the depths of my heart,
it was seated there beside me?
O sorrow, I have ended, you see, by respecting you,
because I am certain you will never leave me.
Ah! I realize it: your beauty lies in the force of your being.
You are like those who never left
the sad fireside corner of my poor black heart.
O my sorrow, you are better than a well-beloved:
because I know that on the day of my final agony,
you will be there, lying in my sheets, O sorrow,
so that you might once again attempt to enter my heart.

Prière pour avoir la foi dans la forêt

Je n'espère plus rien, mon Dieu, je me résigne.
Je me laisse aller comme la courbe des collines.
Je sens la nuit sur moi comme elle est sur les champs,
quand le soleil s'eteint, le soir, comme une lampe.
Je ne vois plus en moi. Je suis comme le soir
qui fait qu'on ne voit plus les faneuses d'azur
à travers la prairie des pensées de mon âme.
Je voudrais être pareil au joli matin
où, dans la rosée rose, se peignent les lapins.
Je n'espère plus rien, mon Dieu, que le malheur,
et cela me rend doux comme l'agriculteur
qui suit patiemment la herse qui tressaute,
derrière, et au milieu des bœufs à cornes hautes.
Je suis abruti, mais c'est avec une grande douceur
que, du haut du coteau, dans la grande chaleur,
je regarde les bois luisants et noirs s'étendre
comme de grands morceaux de feuilles de silence.
Mon Dieu, peut-être que je croirais à vous davantage
si vous m'enleviez du cœur ce que j'y ai,
et qui ressemble à du ciel roux avant l'orage.

From Prayer to Have Faith in the Forest

I no longer have hope for anything, my God, I am resigned.
I let myself go like the curve of the hills.
I feel the night upon me as it is upon the fields,
when the sun is extinguished in the evening like a lamp.
I can no longer see within myself. I am like the rapid dusk
that prevents one from seeing the azure haymakers
across the prairie of the thoughts of my soul.
I should like to be as the beauteous morn
where, in the pink dew, the rabbits groom themselves.
I no longer have hope for anything, my God, but misfortune,
which makes me as precious as the farmer
who patiently follows the harrow that jolts
amidst the long-horned oxen.
I am a brute, but it is with great tenderness
that, from the height of the hill, in the great heat,
I regard the woods, shining and black, that spread
like enormous silent leaves.
My God, perhaps if I could believe more in you,
you might take from my heart the burden
that resembles the russet sky before the storm.

Prière pour avoir une femme simple

Mon Dieu, faites que celle qui pourra être ma femme
soit humble et douce et devienne ma tendre amie;
que nous nous endormions en nous tenant la main;
qu'elle porte au cou, un peu cachée entre les seins,
une chaîne d'argent qui a une médaille;
que sa chair soit plus lisse et plus tiède et dorée
que la prune qui dort au déclin de l'été;
qu'elle garde en son cœur la douce chasteté
qui fait qu'en enlaçant on sourit et se tait;
qu'elle devienne forte et sur mon âme veille
comme sur le sommeil d'une fleur une abeille;
et que le jour où je mourrai elle me ferme
les yeux, et ne me donne point d'autre prière
que de s'agenouiller, les doigts joints sur ma couche,
avec ce gonflement de douleur qui étouffe.

Prayer to Have a Simple Wife

My God, make it that she who will be my wife
may be humble and sweet and become my tender friend;
that we fall asleep hand in hand;
that she shall wear at her neck, a little hidden between her breasts,
a chain of silver with a medal;
that her flesh may be smoother and warmer and more golden
than the plum that sleeps at the end of summer;
that she may keep within her heart the sweet chastity
that will bring a silent smile when we embrace;
that she may become steadfast and watch over my soul
as the bee over the drowsy flower;
and that on the day I die she will close
my eyes, and give me no other prayer than to
kneel down, fingers joined, upon my bed,
with that swelling of grief that suffocates.

Prière pour être simple

Les papillons obéissent à tous les souffles,
comme des pétales de fleurs jetés vers vous,
aux processions, par les petits enfants doux.
Mon Dieu, c'est le matin, et, déjà, la prière
monte vers vous avec des papillons fleuris,
le cri du coq et le choc des casseurs de pierres.
Sous les platanes dont les palmes vertes luisent,
dans ce mois de juillet où la terre se craquèle,
on entend, sans les voir, les cigales grinçantes
chanter assidûment votre Toute-Puissance.
Le merle inquiet, dans les noirs feuillages des eaux,
essaie de siffler un peu longtemps, mais n'ose.
Il ne sait ce qu'il y a qui l'ennuie. Il se pose
et s'envole tout à coup en filant d'un seul trait,
à ras de terre, et du côté où l'on n'est pas.

Mon Dieu, tout doucement, aujourd'hui, recommence
la vie, comme hier et comme tant de fois.
Comme ces papillons, comme ces travailleurs,
comme ces cigales mangeuses de soleil,
et ces merles cachés dans le froid noir des feuilles,
laissez-moi, ô mon Dieu, continuer la vie
d'une façon aussi simple qu'il est possible.

Prayer to Be Simple

Butterflies obey all the breezes,
like flower petals thrown toward you,
at parades, by sweet little children.
My God, it is morning, and, already, prayers
wing their way toward you with the flowering butterflies,
the cry of the cock and the crash of the stonebreakers.
Beneath the plantains whose green palms shine,
in this month of July when the earth crackles,
you can hear, without seeing them, the grating cicadas
assiduously singing your All-Powerfulness.
The restless blackbird, in the black foliage of the waters,
tries to whistle at length, but dares not.
He does not know what it is that bores him. He perches
and suddenly flies away, unwaveringly,
skimming the ground, in the direction where there are no people.

My God, life resumed so sweetly today,
as yesterday and so many times before.
Like those butterflies, like those laborers,
like those cicada devouring the sun,
and those blackbirds concealed in the cold blackness of the leaves,
allow me, O my God, to continue living
in a way as simple as possible.

Ils m'ont dit . . .

Ils m'ont dit : "Il faut chanter la vie à outrance!"
. . . Parlaient-ils des ménétriers ou des noix rances?
ou des bœufs clairs dressés hersant avant l'orage?
ou de la tristesse du coucou dans les feuillages?

—"Pas de pitié! Pas de pitié!" me disaient-ils.
. . . J'ai mis un hérisson blessé par un gamin
dans mon vieux pardessus et puis dans un jardin,
sans m'inquiéter davantage de leurs théories.

Je fais ce qui me fait plaisir, et ça m'ennuie
de penser pourquoi. Je me laisse aller simplement
comme dans le courant une tige de menthe.
J'ai demandé à un ami : Mais qui est Nietzsche?

Il m'a dit : "C'est la philosophie des surhommes."
—Et j'ai immédiatement pensé aux sureaux
dont le tiède parfum sucre le bord des eaux
et dont les ombres tout doucement dansent, flottent.

Ils m'ont dit : "Pourrais-tu objectiver davantage?"
J'ai répondu : "Oui . . . peut-être . . . Je ne sais pas si je sais."
Ils sont restés rêveurs devant tant d'ignorance,
et moi je m'étonnais de leur grande science.

They Have Told Me

They told me: "You must sing of life whole-heartedly!"
... Were they referring to village fiddlers or rancid nuts?
or to the luminous oxen plowing before the storm?
or to the sadness of the cuckoo in the brush?

—"Have no pity! Have no pity!" they told me.
... I put a porcupine wounded by an urchin
inside my old overcoat and later into a garden,
without worrying further about their theories.

I do what pleases me, and it bores me to
try to figure out why. I simply let myself go
like a sprig of mint in the current.
I asked a friend: But who is Nietzsche?

He told me: "It is the philosophy of supermen."
—And I immediately thought of the elderberries
whose warm perfume sweetens the banks of the waters
and whose shadows dance, float, so softly.

They said to me: "Can you be more objective?"
I replied: "Yes ... perhaps ... I do not know if I know."
They remained thoughtful before such ignorance,
and I was astonished by their great knowledge.

Part Two

Selected Elegies

Élégie première

A Albert Samain.

Mon cher Samain c'est à toi que j'écris encore.
C'est la première fois que j'envoie à la mort
ces lignes que t'apportera demain, au ciel,
quelque vieux serviteur d'un hameau éternel.
Souris-moi pour que je ne pleure pas. Dis-moi :
"Je ne suis pas si malade que tu le crois."
Ouvre ma porte encore, ami. Passe mon seuil
et dis-moi en entrant : "Pourquoi es-tu en deuil?"
Viens encore. C'est Orthez où tu es. Bonheur est là.
Pose donc ton chapeau sur la chaise qui est là.
Tu as soif? Voici de l'eau de puits bleue et du vin.
Ma mère va descendre et te dire : "Samain . . ."
et ma chienne appuyer son museau sur ta main.

Je parle. Tu souris d'un sérieux sourire.
Le temps n'existe pas. Et tu me laisses dire.
Le soir vient. Nous marchons dans la lumière jaune
qui fait les fins du jour ressembler à l'Automne.
Et nous longeons le gave. Une colombe rauque
gémit tout doucement dans un peuplier glauque.
Je bavarde. Tu souris encore. Bonheur se tait.
Voici la route obscure au déclin de l'été,
voici que nous rentrons sur les pauvres pavés,
voici l'ombre à genoux près des belles-de-nuit
qui ornent les seuils noirs où la fumée bleuit.

Ta mort ne change rien. L'ombre que tu aimais,
où tu vivais, où tu souffrais, où tu chantais,
c'est nous qui la quittons et c'est toi qui la gardes.
Ta lumière naquit de cette obscurité
qui nous pousse à genoux par ces beaux soirs d'été
où, flairant Dieu qui passe et fait vivre les blés,
sous les liserons noirs aboient les chiens de garde.

First Elegy

To Albert Samain.

My dear Samain, again I write to you.
It is the first time, since your death, that I have written to you.
These lines will be delivered to you tomorrow, in Heaven,
by some old servant of an eternal land.
Smile for me so that I need not weep. Tell me:
"I am not as ill as you believe."
Open my door again, friend. Cross the threshold
and ask me as you enter: "Why are you in mourning?"
Come again. You are at Orthez. Happiness reigns.
Put your hat on the chair there.
Are you thirsty? Here is blue well-water and wine.
My mother will come down and say to you: "Samain . . ."
and my dog will rest her muzzle against your hand.

I speak. You smile a serious smile.
Time has ceased to exist. And you allow me to speak.
Evening comes. We walk in the yellow light
that turns the fading day autumnal.
And we stroll along the mountain stream. A harsh-voiced dove
grieves softly in a blue-green poplar tree. I chatter.
You still smile. You are quietly content.
Here is the somber road at summer's end,
here we return to worn pavement,
here shadows kneel next to the night-blooming lilies
that grace the blackened thresholds where smoke burns blue.

Your death changes nothing. The shadowy region you loved,
wherein you lived, wherein you suffered, wherein you sang,
there you remain, we are the ones who have abandoned it.
Your light was born from that obscurity
that brings us to our knees on these beautiful summer evenings
when, scenting God as he passed, freshening the wheatfields,
the watchdogs bay beneath the dark bindweed.

Je ne regrette pas ta mort. D'autres mettront
le laurier qui convient aux rides de ton front.
Moi, j'aurais peur de te blesser, te connaissant.
Il ne faut pas cacher aux enfants de seize ans
qui suivront ton cercueil en pleurant sur ta lyre,
la gloire de ceux-là qui meurent le front libre.

Je ne regrette pas ta mort. Ta vie est là.
Comme la voix du vent qui berce les lilas
ne meurt point, mais revient après bien des années
dans les mêmes lilas qu'on avait cru fanés,
tes chants, mon cher Samain, reviendront pour bercer
les enfants que déjà mûrissent nos pensées.

Sur ta tombe, pareil à quelque pâtre antique
dont pleure le troupeau sur la pauvre colline,
je chercherais en vain ce que je peux porter.
Le sel serait mangé par l'agneau des ravines
et le vin serait bu par ceux qui t'ont pillé.

Je songe à toi. Le jour baisse comme ce jour
où je te vis dans mon vieux salon de campagne.
Je songe à toi. Je songe aux montagnes natales.
Je songe à ce Versaille soù tu me promenas,
où nous disions des vers, tristes et pas à pas.
Je songe à ton ami et je songe à ta mère.
Je songe à ces moutons qui, au bord du lac bleu,
en attendant la mort bêlaient sur leurs clarines.
Je songe à toi. Je songe au vide pur des cieux.
Je songe à l'eau sans fin, à la clarté des feux.
Je songe à la rosée qui brille sur les vignes.
Je songe à toi. Je songe à moi. Je songe à Dieu.

I do not regret your death. Others will place
the laurels befitting your care-worn brow.
I, I would fear wounding you, having known you so well.
One need not hide from the sixteen-year-olds
who will follow your coffin lamenting your lost talent,
the glory of those who die young.

I do not regret your death. Your life is there.
Like the voice of the wind that gently lulls the lilacs
and does not die, returning after many years
to the same lilacs that were thought to be long-faded,
your songs, my dear Samain, will return to lull
the children our thoughts ripen.

On your tomb, like some shepherd of old
whose flock weeps on the barren slope,
I would seek in vain for something to carry away.
The salt would be eaten by the lamb of the mountain torrents
and the wine would be drunk by those who have stolen it from you.

I dream of you. The day fades like that day
we visited in my old country parlor.
I dream of you. I dream of our native mountains.
I dream of that Versailles where you walked with me,
where we exchanged verses, sadly, and step-by-step.
I dream of your friend and I dream of your mother.
I dream of those sheep on the edge of the blue lake,
awaiting death, that would ring their little bells.
I dream of you. I dream of pure empty heavens.
I dream of ever-flowing water, of splendiferous flames.
I dream of the dew that glitters on the vines.
I dream of you. I dream of myself. I dream of God.

Élégie troisième

Ce pays a la fraîcheur molle des bords des eaux.
Les chemins s'enfoncent obscurément, noirs de mousses,
vers des épaisseurs bleues pleines d'ombre d'amour.
Le ciel est trop petit sur des arbres trop hauts.
C'est ici que je viens promener ma tristesse,
chez des amis et que, lentement, au soleil,
le long des fleurs je m'adoucis et je me traîne.
Ils s'inquiètent de mon cœur et de sa peine,
et je ne sais pas trop ce qu'il faut leur répondre.

Peut-être, quand je serai mort, un enfant doux
se rappellera qu'il a vu passer dans l'allée
un jeune homme, en chapeau de soleil, qui fumait
sa pipe doucement dans un matin d'été.

Et toi que j'ai quittée, tu ne m'auras pas vu,
tu ne m'auras pas vu ici, songeant à toi
et traînant mon ennui aussi grand que les bois . . .
Et d'ailleurs, toi non plus, tu ne comprendrais pas,
car je suis loin de toi et tu es loin de moi.
Je ne regrette pas ta bouche blanche et rose.
Mais alors, pourquoi est-ce que je souffre encore?

Si tu le sais, amie, arrive et dis-le moi.
Dis-moi pourquoi, lorsque je suis souffrant
il semble que les arbres comme moi soient malades?
Est-ce qu'ils mourront aussi en même temps que moi?
Est-ce que le ciel mourra? Est-ce que tu mourras?

Third Elegy

This country has the soft, effeminate freshness of riverbanks.
The roads wind down dimly, dark with moss,
towards thick blue depths full of shadow-filled lovers' lanes.
The sky is too small above trees that are too high.
It is here that I come to air my sorrow,
at the home of friends, and slowly, in the sunlight,
beside the flowers I restore myself and drag myself on.
My friends are concerned about my aching heart,
and I don't really know how to answer them.

Perhaps, when I am dead, a sweet child
will recall that he has seen, passing in the lane
a young man, in a straw hat, who was smoking
his pipe peacefully on a summer morning.

And you whom I have left, you will not have seen me,
you will not have seen me here, dreaming of you
trailing my weariness as great as the forest . . .
And moreover neither would you understand me
for I am far from you and you are far from me.
I do not lament the loss of your pink and white mouth.
But then, why do I suffer still?

If you know friend, come and tell me.
Tell me why, when I am suffering
it seems that even the trees are ill?
Wil they die when I do?
Will the sky? Will you?

Élégie septième

———————————

—Dis-moi, dis-moi, guérirai-je
de ce qui est dans mon cœur?

—Ami, ami, la neige
ne guérit pas de sa blancheur.

—Amie qui, dans les larmes, souris
comme un arc-en-ciel dans la pluie,

dis-moi, dis-moi, ô Mamore,
s'il me faudra mourir encore?

—Es-tu fou mon petit ami?
Tu le sais . . . Nous irons en Paradis . . .

—O Mamore, dans le ciel bleu,
dis? Que diras-tu au Bon-Dieu?

—Je lui dirai que, sur la terre,
il y a de grandes misères.

—O Mamore tant aimée . . . Dis? . . .
Comment sera le Paradis?

—Il y aura des harpes
d'azur et des écharpes.

—Qu'y aura-t-il encore, Mamore,
au Paradis? Encore . . . Encore . . .

—O ami je suis ta Mamore.
Au Paradis il y a notre amour.

Seventh Elegy

—Tell me, tell me, will I be cured
　of what is in my heart?

—Friend, friend, the snow
　does not recover from its whiteness.

—Friend who smiles through tears
　like a rainbow in the rain,

　tell me, tell me, O Mamore,
　must I perish anew?

—Are you mad my little love?
　You know . . . we shall enter Paradise . . .

—O Mamore, in the blue sky,
　tell me, what will you say to the Good God?

—I shall tell him that there is
　great misery upon the earth.

—O Mamore my beloved . . . pray tell . . .
　what will Paradise be like?

—There will be harps
　of azure and scarves.

—What more, Mamore,
　in Paradise? What more . . . what more . . .

—O dear I am your Mamore.
　In Paradise will be our love.

Élégie neuvième

Sur le sable des allées,
elles s'en sont allées, désolées.

Elles avaient de grands chapeaux tremblants
et des robes aux blancs rubans, sur les bancs.

Elles avaient des âmes de rossignol
qui chante des choses qui volent, folles ...

Elles ont fait un geste dans la brise,
un geste que je n'ai pas compris, triste.

Qui étais-je donc? Elles m'ont trouvé
à l'entrée de la forêt fraîche.

Elles m'ont dit : Vous êtes le poète
auquel rêvent nos cœurs en fleurs qui pleurent.

La Muse était auprès de moi
et tenait des colombes de tombe.

Et ses ailes démesurées
battaient dans les empyrées azurés.

Des grappes de lilas, lentement, tombèrent
du ciel avec mystère sur la terre.

Ninth Elegy

On the sandy lanes,
they have departed, desolate.

They had great trembling hats
and bright beribboned dresses, on the benches.

They had the souls of the nightingale
that sings of things that fly, madly . . .

They made a gesture in the breeze,
a gesture that I did not understand, sad.

Who was I then? They found me
at the entrance of a cool forest.

They said to me: You are the poet
for whom our hearts, surrounded by weeping flowers, long.

The Muse was near me
and she held doves of mourning.

And their great wings
beat in the pure azure fires of highest heaven.

Mysteriously, lilacs fell slowly
from the sky onto the earth.

Élégie quatorzième

—*Mon amour, disais-tu.—Mon amour, répondais-je.*
—*Il neige, disais-tu. Je répondais : Il neige.*

—*Encore, disais-tu.—Encore, répondais-je.*
—*Comme ça, disais-tu.—Comme ça, te disais-je.*

Plus tard, tu dis : Je t'aime. Et moi : Moi, plus encore . . .
—*Le bel Été finit, me dis-tu.—C'est l'Automne.*

Répondis-je. Et nos mots n'étaient plus si pareils.
Un jour enfin tu dis : O ami, que je t'aime . . .

(C'était par un déclin pompeux du vaste Automne.)
Et je te répondis : Répète-moi . . . encore . . .

Fourteenth Elegy

—My love, you said.—My love, I replied.
—It is snowing, you said. I replied: It is snowing.

—Again, you said.—Again, I replied.
—Like that, you said.—Like that, I said.

Later, you said: I love you. I replied: I, too, even more . . .
—The beautiful summer is over, you told me.—It is autumn.

I replied. And our words were no longer as similar.
Finally one day you said: O dearest, how I love you . . .

(It was during the grand decline of arrogant autumn.)
And I replied to you: Tell me again . . . again . . .

Élégie quinzième

A Henri Ghéon.

J'ai retrouvé, dans cette flore, une herbe sèche
mise il y a quinze ans, un dimanche, à Bordeaux,
par un soir parfumé et blond comme une pêche.

Bordeaux est une belle ville où des bateaux
sonnent de la trompette au fond des pluies de suie.
C'est là que s'embarqua Madame Desbordes-Valmore.

Elle dut s'embarquer avec des orphelines,
et des cheveux épars à l'avant du bateau.
Elle dut chantonner Le Rivage du Maure,
en faisant un grand geste, et gonflée de sanglots.
Ah! Elle dut toucher le cœur du capitaine
habitué cependant aux fièvres, aux typhons,
aux coups de canonade et aux lames de fond.
Il dut la regarder, la jeune poétesse
qui, en sentant virer le navire, pâlit.

Emportait-elle un chat dans son humble cabine,
ou bien un canari qu'elle avait élevé
et pour qui l'eau douce, un peu, fut réservée
dans la tristesse de la longue traversée?
Dans le porte-monnaie de la pauvre orpheline
resta-t-il quelques sous quand on passa la Ligne
pour payer son baptême aux marins déguisés?

Mon cœur, ne souris pas de cette poétesse.
Elle était le génie qui doit souffrir sans cesse,
et dont le sel amer des larmes soucieuses
cuit la paupière rouge et plaque les cheveux.
Elle était l'exilée qui se confie aux brises,
que, seuls, les colibris d'arc-en-ciel ont comprise,
et celle dont les bras aux harpes de l'Empire
se crispèrent en vain sous les longs repentirs.

92

Fifteenth Elegy

To Henri Ghéon.

I have rediscovered, in this botany book, a dried herb
placed there fifteen years ago, one Sunday, at Bordeaux,
on an evening perfumed and blond as a peach.

Bordeaux is a beautiful city where boats
trumpet beneath rains of soot.
It is there that Madame Desbordes-Valmore embarked.

She must have gone with the orphans,
with her hair disheveled in the prow of the boat.
She must have sung softly "Le Rivage du Maure,"
making a dramatic gesture, swollen with sobs.
Ah! She must have touched the heart of the captain,
accustomed merely to fevers, typhoons,
artillery fires and the billows of the deep.
He must have stared at her, the young poetess
who paled when she felt the ship toss.

Did she keep a cat in her humble cabin,
or a canary that she had raised
and for which a bit of fresh water was reserved
in the loneliness of the long crossing?
Were there a few pennies in the wallet
of the poor orphan to pay for her baptism
by the costumed sailors as they crossed The Line?

My heart, do not smile about that poetess.
She was the spirit that must suffer ceaselessly,
and the bitter salt of her troubled tears
burns her red eyelids and plasters down her hair.
She was the exile who trusts herself to the breezes,
whom only the rainbow-hued hummingbirds have understood,
and the one whose arms on the harp of the Empire
were clenched hopelessly beneath long regrets.

Quand elle débarqua aux Antilles heureuses,
avec la flamme noire au fond de ses joues creuses,
elle dut rechercher quelque petit hôtel
où elle pût manger ce que mangent les gens
qui, lorsqu'il faut payer, soupirent tristement.

Et moi, je la salue de mon souvenir, celle
qu'une herbe desséchée aujourd'hui me rappelle.
Mais qui me saluera, lorsque je serai mort,
ainsi que j'ai salué Desbordes-Valmore?

When she disembarked in the joyous Antilles,
with the black flame in the depths of her hollow cheeks,
she must have sought again some small hotel
where she could eat what people, who sigh sadly
when they pay, must eat.

And I, I greet her in my memory, the one
that a dried herb recalls to me today.
But who will greet me, when I am dead,
as I have greeted Desbordes-Valmore?

Élégie dix-septième

A Madame Eugène Rouart.

Il a plu. La terre fraîche est contente. Tout luit.
Une goutte d'eau pèse et pend à chaque rose,
mais il va faire chaud, et, cet après-midi,
le soleil bourdonnant fendra la terre rousse.
Le ciel brumeux se troue de bleus comme de l'eau
d'où des raies en travers tombent sur le coteau.
La taupe lisse, aux ongles forts, a rebouché
ses gîtes racineux qui pèlent la pelouse.
La limace argentée a traversé la route,
la fougère trempée est lourdement penchée,
et les ronces ont plu au cou des jeunes filles . . .

Car elles sont parties, les jeunes filles, vers
ce qu'il y a de mouillé, de tremblant et de vert.
L'une avait son crochet, l'autre la bouche vive,
l'autre avait un vieux livre et l'autre des cerises,
l'autre avait oublié de faire sa prière.

—Lucie, regarde donc toutes ces taupinières?
—Oh! Que cette limace est laide. Écrase-la.
—Oh! Horreur! Je te dis que non . . . Je ne veux pas.
—Écoute, le coucou chante?

Elles sont allées
jusqu'au haut du chemin qui entre dans la lande.
Leurs robes s'écartaient et puis se raprochaient.
Les silences de leurs voix claires s'entendaient.
Une pie rayait longuement le ciel. Un geai
jacassait poursuivant un geai sur un noir chêne.
Ainsi qu'un éventail les robes s'écartèrent
encore, en ondulant, au soleil du sommet.
Elles ont disparu. Je m'en suis attristé.
Et, me sentant vieille, j'ai pris dans le fossé,
je ne sais pas pourquoi, une tige de menthe.

Seventeenth Elegy

To Madame Eugène Rouart.

It has rained. The fresh earth is content. Everything gleams.
A drop of water weighs down and hangs on each rose,
but it is going to be warm, and this afternoon
the singing sun will split the russet ground.
The misty sky has holes of blue like water
from which slanting stripes caress the slope.
The sleek mole, with his strong claws, has closed off
his root-filled lodgings that strip the grass.
The silvered slug has crossed the road,
the drenched fern leans heavily
and the briars rain on the necks of the young girls.

For the young girls have gone towards
the wetness, the trembling and the greenness.
One had her crochet work, another her fresh mouth,
another had an old book and another some cherries,
another had forgotten to say her prayer.

—Lucy, have you seen these mole holes?
—Oh! What an ugly slug. Step on it.
—Oh! Horrors! No . . . I don't want to.
—Listen, is that the cuckoo singing?

      They have gone
to the top of the road that leads to the moor.
Their dresses scattered then came close.
Their clear quiet voices could be heard.
A magpie cut slowly across the sky. A jay
chattered chasing another jay in a black oak tree.
Like a fan the dresses spread out
again, undulating in the sunshine of the summit.
They have disappeared. It saddens me.
And, feeling old, I picked up from the ditch,
I know not why, a sprig of mint.

97